GUÍA DE LECTURA

Escrita por Dominique Coutant-Defer
Traducida por Laura Soler Pinson

El desierto de los tártaros

de Dino Buzzati

Entiende fácilmente la literatura con

ResumenExpress.com

www.resumenexpress.com

DINO BUZZATI

ESCRITOR, PERIODISTA Y PINTOR ITALIANO

- **Nacido en 1906 en Belluno (Italia)**
- **Fallecido en 1972 en Milán (Italia)**
- **Algunas de sus obras:**
  - *El desierto de los tártaros* (1940), novela
  - *Los siete mensajeros* (1942), recopilación de novelas cortas
  - *Sesenta relatos* (1966), recopilación de cuentos y de novelas cortas

Dino Buzzati, nacido en 1906 en Italia, trabaja primero como periodista en el *Corriere della Sera*, para el que es corresponsal de guerra durante la Segunda Guerra Mundial. A continuación, se dedica a la literatura y escribe novelas: *Bàrnabo de las montañas* y *Un amor*. En 1940 se publica su novela más importante, *El desierto de los tártaros*, que cosecha un éxito mundial inmediato. Pero es también el autor de cuentos y novelas cortas, de género realista o fantástico. La recopilación *Sesenta relatos*, la más famosa, está conformada por cincuenta relatos. Su obra, que tiende al pesimismo, trata a menudo acerca de la ilusión y de la muerte, y nos sitúa en un universo particular donde lo banal, contaminado por lo sobrenatural, se convierte en algo extraño e inquietante.

En la actualidad, Buzzati, fallecido en 1972, está considerado como uno de los escritores italianos más importantes de su época.

EL DESIERTO DE LOS TÁRTAROS

¡UN LIBRO DE UN VALOR EXCEPCIONAL!

- **Género:** novela
- **Edición de referencia:** Buzzati, Dino. 2012. *El desierto de los tártaros*. Traducido por Esther Benítez. Madrid: Alianza Editorial. E-book en PDF
- **Primera edición:** 1940
- **Temáticas:** esperanza, espera, tiempo, invasión, rutina, muerte

El desierto de los tártaros, publicado en 1940, fue catalogado por la crítica como «un libro de un valor excepcional» que nos ofrece «una interrogación dramática y apasionada sobre las razones para vivir y sobre la fatalidad del destino humano». La novela cuenta la extraña historia del joven teniente Giovanni Drogo, destinado a la siniestra fortaleza Bastiani, situada en la frontera entre el Reino y el Estado del Norte, separados por un desierto neblinoso y enigmático desde donde se supone que lanzan sus ataques los tártaros. Durante todo el relato, se debate entre las ganas de abandonar este ambiente pesado y afrontar al fin a los invasores, y así finalmente Drogo pasa treinta años en la fortaleza Bastiani, a la espera de un acontecimiento que llegará demasiado tarde.

RESUMEN

El teniente Giovanni Drogo es destinado a la fortaleza Bastiani, que protege la frontera con el desierto de los tártaros, de los que ni siquiera se sabe si alguna vez han entrado en este territorio. Se encuentra esperanzado por esta nueva vida que comienza y que considera más palpitante. Sin embargo, tiene un «vago presentimiento de cosas fatales» (Buzzati 2012, cap. 1).

Le cuesta encontrar el fuerte y se pierde en una llanura pedregosa. Conoce al capitán Ortiz, que lleva dieciocho años en la fortaleza. El edificio, austero y banal, aterroriza e hipnotiza a Drogo a partes iguales. Se presenta ante el comandante del fuerte, Matti, pero asustado por el ambiente, pide enseguida su traslado. Sin embargo, tiene que esperar cuatro meses para obtener un certificado médico que le permita irse. Con todo, cuando Giovanni Drogo lo tenga en su poder, siempre postergará su decisión al día siguiente, y acabará por pasar toda su vida en el fuerte esperando un ataque. Cuando esto ocurra, será evacuado por enfermedad.

Por la noche, Drogo se dirige a un lugar prohibido, sobre las murallas: quiere contemplar el desierto en el que algunos soldados dicen haber visto humo salir de un volcán o torres que a veces surgen entre la neblina del norte. El joven se siente unido a este paisaje que, sin embargo, lo sume en una gran depresión.

Dos días después, efectúa su primer cambio de guardia, junto al quisquilloso sargento mayor Tronk, que lleva veintidós años en la fortaleza y que teme constantemente un ataque enemigo. Esto intensifica su deseo de marcharse. Durante la guardia de noche, en la que para los oficiales es una cuestión de honor quedarse despierto, él se duerme: «Precisamente esa noche [...] comenzaba para él la irreparable fuga del tiempo» (Buzzati 2012, cap. 6).

Giovanni visita unos días más tarde a Prosdocimo, sastre del regimiento desde hace quince años, que asegura que le queda poco para marcharse del fuerte. Aconseja al teniente que no siga el ejemplo de los otros oficiales que están ahí desde hace décadas y consumen su vida esperando una hipotética invasión. Pero Drogo está convencido de que se irá del fuerte en cuatro meses.

Un poco más tarde, celebra junto a sus amigos oficiales la marcha de Lagorio tras dos años de servicio. Este último intenta convencer sin éxito a su camarada Angustina de que se marche con él, puesto que puede hacerlo. Este rechaza la idea, porque desea a toda costa combatir a los tártaros. Su espera será en vano: morirá dos años después.

Giovanni, que ha llegado a la fortaleza en otoño, constata sorprendido que el invierno ya ha hecho su aparición. En febrero le redactan el famoso certificado médico y, al contemplar el desierto a través de la ventana, al final decide quedarse. Atrapado en las cómodas costumbres del fuerte, todos los días se alegra de su decisión que, piensa, simplemente ha postergado.

Dos años más tarde, «la existencia de Drogo [...] estaba como detenida» (Buzzati 2012, cap. 11). Parece no darse cuenta del paso del tiempo, aunque sí es consciente de que su juventud ha acabado. Tiene un sueño extraño en el que ve a Angustina de niño, a quien unos espíritus lo llevan serenamente hacia la muerte.

Durante una guardia de noche, el teniente ve a lo lejos una figura negra. Está atemorizado y contento a la vez, porque por fin sucede algo: es un caballo que no pertenece al fuerte. Lazzari, un soldado imprudente, va a buscarlo, pero como no conoce la contraseña para entrar en la fortaleza, es ejecutado por un centinela que, aunque había reconocido a Lazzari, aplica el reglamento al pie de la letra. El caballo misterioso ha desaparecido y todos esperan en su fuero interno que sea una señal de un acontecimiento que esté por llegar.

Al día siguiente, los militares creen ver un ejército que avanza en el desierto. Al contrario de lo que les ocurre a los otros soldados, que están muy emocionados, el coronel del fuerte, Filimore, ya no cree que vaya a producirse una invasión de los tártaros: la ha estado esperando durante demasiado tiempo. De hecho, es informado enseguida de que se trata de unos inofensivos soldados del norte que vienen a delimitar una parte de la frontera, algo que durante varios años no se le había ocurrido hacer al mando del fuerte.

Entonces, un destacamento se desplaza hasta la frontera para adelantar a los del norte, pero tras la ascensión agotadora de una montaña bajo una tormenta de nieve, tienen que soportar la ironía de los oficiales del norte, que ya están allí. El frágil Angustina, que se ha ofrecido como voluntario para la expedición, no resiste la dura caminata y, por la noche, muere de agotamiento. Sus camaradas lo envidian porque ha muerto como un soldado.

Drogo lleva cuatro años en el fuerte y constata el transcurso inalterable de las estaciones. Ortiz, que se ha convertido en su mejor amigo, le aconseja que se marche mientras todavía sea joven, puesto que la llegada de los tártaros parece improbable. Él no aprovechó la ocasión cuando la tuvo por falta de ambición. Drogo tiene de nuevo ganas de abandonar el lugar, tal y como les ocurre a los militares de la fortaleza en algún momento, pero cree que con 25 años, todavía tiene tiempo.

Se encuentra de permiso en su región natal e intenta distraerse en vano. Vuelve a ver, indiferente, a una antigua amiga y empieza a percibir este mundo como algo extraño a pesar de echarlo de menos. Su madre insiste para que pida que lo destinen a la ciudad, pero su expediente no tiene prioridad. Así, Giovanni vuelve a la fortaleza, como hace cuatro años, casi satisfecho de volver a la rutina y, sin embargo, haciéndose preguntas acerca de la mediocridad de su destino. El fuerte, inútil y en ruinas, con unos efectivos que se han reducido a la mitad, conserva para él «la sensación inefable de cosas futuras» (Buzzati 2012, cap. 21).

Muchos oficiales cuyo compromiso ha acabado deciden irse y consideran que esperar un ataque de los tártaros no era más que una simple distracción para el aburrimiento. Durante las semanas siguientes, Giovanni se debate entre las ganas de dimitir y las de quedarse en el fuerte todavía un tiempo, sobre todo porque cree haber visto que se construía una carretera en el desierto. Pero el comandante prohíbe a los soldados que muestren interés por ello, dada la desilusión en el pasado. Solo Drogo está atento.

La construcción de la carretera acaba quince años más tarde. Permite que los enemigos se acerquen al fuerte. A estas alturas, Drogo ya es capitán, pero «el tiempo ha huido tan velozmente que el ánimo no ha conseguido envejecer» (Buzzati 2012, cap. 25). Se da cuenta de que ha transcurrido una generación cuando escolta a un joven oficial hasta la fortaleza, tal y como Ortiz lo había hecho con él en el pasado. Este último se jubila y aconseja a Giovanni, que quiere dimitir, que espere la guerra, puesto que ya no va a tardar mucho en estallar.

Pero los años pasan y la esperanza se debilita. Drogo, que ahora es comandante adjunto, tiene 54 años y tiene trastornos del hígado, pero se niega a abandonar el fuerte. Guarda cama y considera que está prácticamente curado cuando el viejo Prosdocimo viene a anunciarle que las tropas enemigas están avanzando. Abandona su habitación y le informan de la llegada de refuerzos y del estado de alerta del fuerte. Asimismo, se da cuenta de que la invasión es inminente. A pesar de sus protestas, el comandante en jefe ordena su evacuación para evitar que luche en la batalla. Entonces, abandona el fuerte con un vago embrutecimiento, cruzándose con soldados que van a luchar mientras que él «bajaba a la vil llanura» (Buzzati 2012, cap. 29). Le espera otro combate que no puede ganar.

Por la noche, en un albergue, le sobreviene súbitamente el pensamiento de la muerte. Enfrentarse a este enemigo último, en una habitación banal, le parece más difícil, y, sin embargo, más ambicioso que poner en peligro su vida en la guerra, rodeado de camaradas solidarios. La puerta de la habitación se abre suavemente. Drogo se arregla el uniforme y sonríe a la muerte, a la que adivina a su lado.

ESTUDIO DE LOS PERSONAJES

GIOVANNI DROGO

No se nos ofrece nunca una descripción física de este personaje, que al principio del relato tiene 25 años. Giovanni está contento de abandonar la aburrida escuela militar en la que ha estudiado, ya que está ansioso por iniciarse en la vida. Su primer destino, tan anhelado, como teniente en el fuerte Bastiani lo llena de esperanza: «Sí, ahora era un oficial, tendría dinero, las mujeres hermosas quizá lo mirarían [...]» (Buzzati 2012, cap. 1).

Sin embargo, se ve atrapado desde las primeras páginas de la novela por una angustia imperceptible, y la fortaleza Bastiani y el paisaje que la rodea ejercerán sobre él una atracción inexplicada, mezclada con una feroz repulsión que en varias ocasiones lo empujará a querer volver a la vida civil. Sin embargo, pasa treinta años en este misterioso lugar, subiendo posiciones en la jerarquía y plegándose a la rutina militar, todo ello reconfortante, mientras espera, como todos sus camaradas, el acontecimiento que constituye su razón de ser en el fuerte: la famosa invasión de los tártaros, siempre esperada y siempre aplazada.

EL CAPITÁN ORTIZ

Es el primer militar del fuerte con el que Drogo entra en contacto. El capitán es «un hombre de unos cuarenta años o quizá más, de rostro seco y señorial» (Buzzati 2012, cap. 2). Según va transcurriendo la historia, Drogo y él traban una sólida amistad. Ya desde muy pronto, Ortiz aconseja a Drogo que se marche del fuerte «mientras pueda». Él, por su parte, intenta al principio pedir el traslado, pero finalmente renuncia a su plan por falta de ambición, dice. Al final de la novela, se jubila, decepcionado y consciente de haber echado a perder más o menos su vida.

EL TENIENTE ANGUSTINA

Forma parte del círculo de buenos amigos de Drogo. Es un joven aristócrata refinado y enfermizo, del que a veces se burlan sus superiores dado que, en ocasiones, su preocupación por la elegancia está fuera de lugar. Se le brinda la oportunidad de ser trasladado, pero se niega a abandonar el fuerte, ya que quiere enfrentarse a los tártaros. Se ofrece como voluntario para la expedición de delimitación de la frontera y muere lesionado por unos zapatos que no están adaptados para la dura caminata y agotado por el cansancio. De hecho, Drogo presiente su muerte en un extraño sueño.

EL SARGENTO MAYOR TRONK

Tronk es «bajo y delgado, con una cara de vejete, el pelo rapado» (Buzzati 2012, cap. 5). Habla poco y se mantiene alejado de los demás. Es el prototipo del militar obcecado que se desvive por el reglamento y que lo aplica de manera inquebrantable. No infringiría por nada del mundo sus costumbres muy estrictas. No duda en mandar ejecutar de forma absurda a uno de sus soldados del fuerte al que, por otra parte, ha reconocido, cuando este último no puede pronunciar la contraseña para entrar.

CLAVES DE LECTURA

UNA NOVELA ALEGÓRICA

La alegoría es un procedimiento que consiste en expresar un concepto, una idea, una noción abstracta (el bien, el mal, la guerra, la muerte, etc.) a través de un personaje, un objeto o una acción en particular. Se utiliza la alegoría en muchas expresiones artísticas, como por ejemplo, en pintura, en el famoso cuadro de Eugène Delacroix (1798-1863), *La libertad guiando al pueblo*, en el que el personaje femenino central representa el concepto de libertad. En literatura, el procedimiento de la alegoría es frecuente, y ya desde la Edad Media podemos encontrarlo, en especial en el poema *Le roman de la rose*. Podemos citar también, en el siglo XVII, la novela pastoril *Astrea*, de Honoré d'Urfé (escritor francés, 1567-1625) o, más recientemente, obras como *El proceso*, de Kafka (escritor natural de Praga, 1883-1924), *La montaña mágica*, de Thomas Mann (escritor alemán, 1875-1955) o *El mar de las Sirtes*, de Julien Gracq (escritor francés, 1910-2007), cuyo tema es similar al de *El desierto de los tártaros*. En una novela alegórica, se trata en cierta manera de descifrar qué se representa con la acción novelesca, la estructura del texto, el marco espaciotemporal o los personajes.

El desierto de los tártaros puede parecer una novela alegórica, dado que esconde un significado más profundo tras una historia con un sentido que se entiende a la perfección de manera inmediata (un joven oficial es destinado a un fuerte aislado). Así es, detrás de este relato banal en el que apenas suceden acontecimientos o peripecias novelescas, se presenta una segunda lectura que presagiamos de inmediato en el primer viaje que Drogo hace hacia la fortaleza. A partir de ese momento, el lector de la novela debe entregarse a un ejercicio de sustitución si quiere conocer la intención del autor y descubrir su mensaje. Así, se le incita a preguntarse acerca del valor alegórico de los diferentes elementos del relato: ¿qué significan, por ejemplo, el paisaje desolado, la errancia del oficial a quien nadie puede indicarle la localización exacta del fuerte, la vida monótona que lleva a continuación o su conflicto entre quedarse o marcharse?

UN TEMA MAYOR: EL TIEMPO

En realidad, todos los elementos de *El desierto de los tártaros* convergen en el concepto del tiempo, dimensión esencial de la existencia humana: todo tiende a demostrar a la vez la lentitud y el paso inevitable del tiempo, así como los esfuerzos inútiles de los personajes por intentar encontrar un sentido a su existencia, siempre aguardando la llegada de unos supuestos tártaros cuya última invasión, que se ha convertido en un mito, se remonta a la noche de los tiempos. A pesar de ello, este es el tema de conversación favorito de los soldados y la mayoría se niega a abandonar el fuerte, puesto que esperan algún día enfrentarse a ellos. Esto justificaría su presencia en este lugar vetusto, olvidado por todos, que se nos presenta aquí como una metáfora de la existencia humana.

El tema del tiempo está íntimamente ligado al de la muerte: cuando los soldados esperan a los tártaros, saben que al enfrentarse a ellos, tendrán que enfrentarse también a esta última. Así, parece que Dino Buzzati la convierte en el objetivo y en la esperanza última de la existencia. El final de Drogo, el protagonista, nos muestra la superposición entre estos dos elementos del relato, los tártaros y la muerte (el Tártaro es, de hecho, el lugar más profundo de los Infiernos en la mitología griega): está enfermo de gravedad en el momento en el que al final está tocando con los dedos su objetivo (ver llegar a esos invasores que espera desde hace treinta años) y acaba muriendo solo en un albergue al que ha sido evacuado.

Todos los aspectos de la novela simbolizan un tiempo que no pasa, pero que, sin embargo, lleva inevitablemente hacia un final:

- el fuerte Bastiani. Sus habitantes no se dan cuenta del paso del tiempo, nocivo y, no obstante, completamente real. Todo en el interior de la fortaleza está hecho para crear la ilusión de un presente perpetuo: la vida militar está estrictamente regulada y Tronk vela por que todo se respete escrupulosamente (relevo de las guardias, horarios, uniforme de los soldados y cambio frecuente de la contraseña para entrar en el fuerte, aun cuando nunca entra ningún extraño). Además de sus tareas militares, los soldados ocupan el tiempo de manera agradable: comparten la excelente comida del comedor y, por la no-che, juegan a las cartas o leen. Así, el tiempo transcurre sin que uno se dé cuenta y sin que se le preste atención, como el depósito de agua o los grifos que pierden agua constantemente sin que nadie piense en arreglarlos. El ritmo invariable de las estaciones, que se puede observar desde las ventanas, acentúa aún más la impresión de eterno regreso;

- el desierto. Es una gran extensión pedregosa que llega hasta donde alcanza la vista, lugar fijo e invariable de cuyo horizonte pueden surgir los tártaros, símbolo de la muerte. Está recubierto constantemente por una neblina con la que los soldados que se aburren juegan a distinguir formas fantásticas. El tiempo parece, de nuevo, inalterable por la ausencia de movimiento, por lo que Drogo piensa que le queda una cantidad infinita de existencia por delante;

- la carretera. Evoca el largo camino hacia un objetivo, el lento transcurso del tiempo. Las carreteras que los personajes toman son siempre accidentadas y tortuosas (pensemos en el camino por el que Giovanni llega al fuerte o la cuesta escarpada que lleva a los soldados a la cima de la montaña cuando van a delimitar la frontera) y ralentizan su avance que, aun así, llevan a cabo. Asimismo, podemos citar la construcción de la carretera en el desierto que supuestamente conducirá a los tártaros hacia el fuerte Bastiani, y que dura quince largos años;

- los personajes. Apenas se les caracteriza, no tienen mucha profundidad novelesca. Buzzati solo da de ellos datos que sirvan para sus intenciones. Así, son descritos físicamente de manera resumida y el autor insiste evidentemente en los signos de envejecimiento: las canas que aparecen, la figura que se encorva, etc. Las conversaciones que tienen se limitan a insistir en el tiempo, a menudo muy extenso, que han pasado en el fuerte, o a evocar su deseo de marcharse, siempre neutralizado por la esperanza de ver surgir a los tártaros. Solo aquellos que aceptan marcharse cuando tienen la posibilidad, los que logran despertar de su adormecimiento para volver a una vida que esperan que sea más excitante, confiesan que la historia de los tártaros no era más que un pretexto, una distracción para el aburrimiento;

- la estructura de la novela. Para acabar, la misma estructura de la novela recrea esta impresión cargante del tiempo que no pasa y que, sin embargo, lleva hacia un final. Los capítulos (unos treinta) son cortos y todos tienen la misma extensión. De hecho, el autor llama nuestra atención acerca del mimetismo entre la vida de los personajes y el acto de lectura: «Se vuelve una página, pasan meses y años» (Buzzati 2012, cap. 27). Además, la brusca agitación que despierta al fuerte Bastiani cuando se teme un ataque enemigo tiene lugar en la mitad de la novela. Esto hace que el lector crea que por fin va a ocurrir algo determinante sobre lo que tratará la segunda parte del relato, como les sucede a los soldados, que piensan que por fin ha llegado el día importante.

UN AMBIENTE ONÍRICO

La novela alegórica debe sugerir al lector pistas que lo ayuden a descifrar la noción abstracta que constituye el tema de la obra. Para ello, puede utilizar elementos con un valor simbólico, como los enunciados más arriba, y dar al relato un marco no realista, lo que refuerza el alcance metafórico y universal de la novela. Buzzati procede situando sobre todo el fuerte Bastiani en una zona indefinida: «el reino» o «el norte», que se asimilan al mundo de las tinieblas en el simbolismo cristiano. Además, las personas de los alrededores no parecen saber de su existencia cuando Drogo, que se ha perdido, pregunta el camino para llegar la primera vez que se dirige hacia allí. Cuando al fin alcanza a verlo, el edificio tiene una apariencia onírica: se encuentra aislado en una llanura árida y «no era hermosa [la Fortaleza] ni pintoresca, [...] absolutamente nada que consolase de su desnudez [...]. Y, sin embargo, Drogo la miraba hipnotizado y en su corazón entraba una inexplicable excitación» (Buzzati 2012, cap. 2). Además, el fuerte provoca en Giovanni una curiosa alucinación el día en el que lo abandona para gozar de su primer permiso: en efecto, cree ver que sus torres se precipitan repentinamente hacia el cielo. Asimismo, no se explica tampoco lo que le empuja a contemplar incansablemente el paisaje árido y desolado de los alrededores donde aparecen a veces, como espejismos en la neblina, curiosas siluetas de volcanes apagados o torres blancas. El interior del fuerte también puede hacernos pensar en el decorado de un sueño: escaleras oscuras, húmedas y frías que parecen de pesadilla.

Para acabar, al principio de su estancia, Drogo tiene un sueño que reviste gran importancia: en un palacio suntuoso, quizás la imagen opuesta al siniestro fuerte Bastiani, Giovanni ve con envidia cómo Angustina se dirige indiferente hacia la muerte.

PISTAS PARA LA REFLEXIÓN

ALGUNAS PREGUNTAS PARA PROFUNDIZAR EN SU REFLEXIÓN...

- ¿Qué elementos podrían llevarnos a considerar la novela de Buzzati como una novela alegórica? ¿Qué noción abstracta quiere indicar Buzzati al lector?
- Siga el recorrido del teniente Drogo. ¿Qué evolución percibimos en su comportamiento?
- Indique las particularidades del marco espaciotemporal. ¿Cómo se adaptan a los fines del autor?
- Los tártaros no aparecen jamás en el relato. Aun así, ¿qué los convierte en un elemento clave de la novela?
- Compare *El desierto de los tártaros* y *El mar de las Sirtes*, de Julien Gracq.
- ¿Cómo contribuye el ambiente onírico de la novela a su aspecto alegórico?
- Drogo vuelve dos veces al mundo «de abajo». ¿Cómo interpreta sus reacciones durante sus estancias?
- ¿Considera que Drogo ha echado a perder su vida? ¿Cree que ha sido feliz? ¿Por qué el final es trágico para él?

¡Su opinión nos interesa!
¡Deje un comentario en la página web de su librería en línea,
y comparta sus favoritos en las redes sociales!

PARA IR MÁS ALLÁ

EDICIÓN DE REFERENCIA

- Buzzati, Dino. 2012. *El desierto de los tártaros.* Traducido por Esther Benítez. Madrid: Alianza Editorial. E-book en PDF.

ResumenExpress.com